AF264077

LA
POLITIQUE RURALE

PAR

ISIDORE BONGRAIN

CULTIVATEUR

Quand on agite un peuple, on fait monter la lie.

AMÉDÉE POMMIER.

Prix 15 centimes

PARIS

GÉRARD, ÉDITEUR (*Bibliothèque napoléonienne*)
Rue de Rivoli, à la Colonnade du Louvre
1877

TABLE DES MATIÈRES

—

———

Arcis-sur-Aube. — Typ. Léon Frémont.

LA POLITIQUE RURALE

Lettres d'un Paysan

I

Politicomanie

> De nos politiqueurs le bataillon s'avance ;
> Pour drapeau chacun tient un lambeau de journal.
>
> (E. DE LYDEN.)

On a dit souvent que les peuples les plus heureux étaient ceux qui s'occupaient le moins de politique. Si ce fait est vrai, comme nous avons trop lieu de le croire, il faut convenir que nous ne sommes guère favorisés sous ce rapport ; car, à aucune époque et dans aucun pays du monde, la *politicomanie* n'a plus gravement sévi qu'en ce moment en France. C'est une débauche, une passion, un délire dont tout le monde est atteint. Chacun a dans la poche ou dans la tête son petit plan de gouvernement tout prêt, qu'il n'attend que l'occasion de produire et surtout d'appliquer pour le plus grand bien de l'humanité, en général, et de l'auteur de chaque projet en particulier. L'enfant sur les bancs de l'école rêve déjà d'émancipation sociale et... paternelle ; le médecin, qui souvent tue plus de gens qu'il n'en guérit ; le marchand de vins et l'épicier, qui s'enrichissent aux dépens de la bourse et de la santé de leurs clients en leur vendant des produits frelatés, s'occupent également de régénération morale, et demandent que l'on gouverne la France d'après leurs principes ; car tout est là, et hors de leurs principes il n'y a pas de salut possible. Ah ! si seulement ils commençaient par se régénérer eux-mêmes, quelle belle cure ils auraient opérée, et combien un tel exemple serait plus puissant et plus efficace que tous les discours pour amender notre pauvre société! Mais, à vrai dire, nous ne savons pas lequel est le plus dangereux et le plus funeste pour le public, des drogues que vendent au poids de l'or nos politiciens au petit pied ou des théories qu'ils débitent gratuitement avec tant de prodigalité. Mais ce n'est pas tout ; les femmes elles-mêmes, et surtout les plus émancipées déjà, demandent encore à s'émanciper davantage, en paradant dans les clubs, à côté de leurs émancipateurs qui, pour la plupart célibataires, tonnent fortement contre la dépopulation et réclament pour la femme des droits égaux à ceux du mari.

Les gens de la campagne, les *Ruraux*, comme ils nous appellent, sont à peu près les seuls qui aient échappé jusqu'ici, dans une certaine mesure, à cette épidémie de la politicomanie, à ce philloxéra social qui étend partout ses ravages et ses ruines. Mais comme le mal commence à les gagner aussi, et que, bientôt peut-être il serait sans remède, nous voulons essayer, s'il en est temps encore, de prémunir nos amis contre le fléau radical qui les menace. A une politique de sophismes et de mensonges, de démoralisation et de destruction, nous opposerons la politique des faits et de la raison, du bon sens et de l'intérêt public. Humble paysan, sans ambition personnelle comme sans idées préconçues, désirant pour les autres la même liberté et les mêmes droits que pour nous même, nous voulons exposer simplement, sans prétention et sans passion, ce que nous voyons et ce que nous savons ; en un mot, ce que nous croyons être la justice et la verité, c'est-à-dire le bien de tous.

II
Résumé historique

> Tant vaut le fonctionnaire, tant vaut le gou-
> vernement.
> (Imité d'un Proverbe agricole.)

Commençons d'abord par un court résumé de la
question historique ; car la politique, selon nous,
n'est pas autre chose que de l'histoire en action.
Tous les peuples de la terre sont régis par deux
formes principales de gouvernement : la MONAR-
CHIE, dont le chef sous le nom de *Roi* ou d'*Empereur*, est appelé à régner par droit d'hérédité pour
toute la durée de sa vie, et la RÉPUBLIQUE dont le
chef, sous le titre de *Président*, est placé à la tête
de l'Etat par l'élection, pour gouverner seulement
pendant un temps déterminé. Chacun de ces systèmes a ses avantages et ses inconvénients, comme
il a ses partisans et ses adversaires. Mais avant de
nous prononcer sur la question de choix, interro-
geons les faits.

L'histoire nous montre certains peuples passant
tour à tour de l'une à l'autre de ces deux formes de
gouvernement, tandis que d'autres restent fidèle-
ment attachés à celle qu'ils ont adoptée dès l'ori-
gine. On peut constater toutefois que la forme monarchique domine presque exclusivement aujour-
d'hui sur l'Ancien Continent, tandis que la forme
républicaine est plus en faveur dans le Nouveau-
Monde. Que conclure de cela ? D'abord que le système gouvernemental doit être surtout approprié
aux mœurs, aux habitudes et au tempérament
particulier de chaque peuple ; ensuite que la valeur
d'un gouvernement est à peu près indépendante de
son nom et de sa forme, et qu'elle tient surtout aux
hommes d'Etat qui le dirigent et aux fonctionnaires qui le servent. En effet, pour la masse du

peuple, la forme politique du gouvernement est chose assez indifférente, la plupart des gouvernés jugeant sagement, comme on dit, de l'arbre par ses fruits ; c'est-à-dire du gouvernement par ses fonctionnaires et surtout par ses fonctionnaires subalternes avec lesquels ils sont plus fréquemment et plus directement en rapport. Il dépend donc essentiellement de ceux-ci, par leur courtoisie, leur obligeance et leur esprit d'équité, de faire aimer et respecter le gouvernement dont ils sont les agents. Tout fonctionnaire injuste, impoli et impopulaire est à la fois un fléau pour la société et pour l'Etat.

Mais en thèse générale et avant tout examen, nous pensons que le meilleur gouvernement doit être celui qui ressemble le mieux à la famille, et où l'autorité du chef n'est ni contestée, ni remise périodiquement en question ; ce qui nous conduit à la forme monarchique. Et, en effet, c'est bien sous cette forme que nous apparaissent tous les gouvernements anciens : d'abord les familles réunies en tribus sous l'obéissance d'un patriarche respecté ; ensuite les tribus agglomérées en corps de nation et soumises à l'autorité paternelle d'un roi. Ce n'est que plus tard, et par suite de fautes, dont les rois mêmes ne sont pas toujours exempts, que nous voyons apparaître les républiques, ou gouvernements de tous par tous.

III

Examen des deux systèmes de gouvernements

> La République est le gouvernement qui nous divise *le plus*.
>
> (Parodie de M. Thiers.)

Restons toujours dans les généralités et examinons maintenant avec impartialité les deux grands systèmes de gouvernement en présence : Les monarchies anciennes ou de droit divin, basées sur l'hérédité, ont l'avantage d'offrir plus de garanties de stabilité et d'esprit de suite dans le gouvernement. Du reste, on ne peut méconnaître que c'est à l'ancienne monarchie que la France doit son existence, sa constitution physique et son unité politique. Mais, d'un autre côté, le défaut de contrôle et de pondération suffisant du pouvoir en a fait trop souvent le règne du favoritisme et du bon plaisir. Un tel gouvernement, pouvant ouvrir la porte à une foule d'erreurs et d'abus, ne saurait donc convenir à une nation instruite et civilisée, qui a le sentiment de sa force et de sa dignité, et est suffisamment mûre pour la liberté. Au point de vue purement théorique et au premier aspect, il faut convenir que la République offre un mirage beaucoup plus séduisant. D'abord, elle permet à tous les citoyens de participer au gouvernement, soit comme membres actifs, soit simplement comme électeurs chargés de choisir leurs divers mandataires. Mais là est précisément aussi l'écueil et le danger, car cette faculté pour tous de pouvoir être appelés à la gestion des affaires publiques et même aux plus hautes charges de l'État, en raison des capacités et des mérites de chacun, provoque souvent des compétitions et des luttes qui sèment partout la division et livrent parfois le pays à toutes les horreurs de la guerre civile et des proscriptions qui en sont la suite. Personne, en effet, ne voulant admettre qu'il soit moins digne ou moins capable qu'un autre de gouverner ses concitoyens, chacun aspire au pouvoir et cherche à se faire des partisans en couvrant sa mesquine ambition personnelle du large manteau de l'intérêt public. Aussi, lorsqu'il a prononcé son mot fameux : « La République est le gouvernement qui nous divise le moins », M. Thiers a-t-il exprimé tout simplement une contradiction flagrante pour ne pas dire une énorme imposture historique. Du reste, s'il pouvait avoir encore quelques illusions à cet égard, après 1793 et 1848, la Commune de 1871 est venue sur le champ lui donner le plus sanglant démenti.

Ce n'est donc ni dans la Monarchie absolue ni dans la République pure qu'il faut chercher un idéal de gouvernement, mais bien dans un système mixte qui procède à la fois de l'une et de l'autre en empruntant à chacune ce qu'elle a de bon , c'est-à-dire à la République sa base démocratique, dans le suffrage universel, et à la Monarchie sa stabilité, sa durée et son autorité, dans l'hérédité du pouvoir suprême, avec la volonté nationale. En un mot, l'Empire des Napoléon qui inaugure la quatrième race des souverains de la France, nous paraît avoir le mieux compris et résolu le grand problème gouvernemental moderne, en opérant un véritable mariage de raison, sinon d'inclination, entre l'ancien et le nouveau régime.

Du reste, il y a autre chose qu'une simple mutation de personnes dans les changements dynastiques, car chaque race est arrivée en quelque sorte providentiellement à son heure, avec son caractère propre pour remplir une mission spéciale et gouverner suivant les besoins de l'époque, à la suite d'une grande transformation sociale. Mais ces mutations ne se sont jamais produites sans amener une certaine agitation dans le pays. Toute révolution politique est un enfantement laborieux dont les crises persistent parfois longtemps encore après la délivrance. Ce qui se passe aujourd'hui chez nous en est une nouvelle preuve. Nul gouvernement, en effet, n'est plus légitime et ne convient mieux à la France que l'Empire, et cependant nul n'est plus en butte aux attaques et aux calomnies d'adversaires d'autant plus passionnés et plus injustes qu'ils se sentent plus impuissants à dépopulariser ce régime.

IV

Les bienfaits de l'Empire

> Il faut toujours enseigner aux peuples les bienfaits de l'autorité et aux souverains ceux de la liberté.
>
> (J. DE MAISTRE.)

Si nous sommes un homme de parti, nous ne sommes pas, du moins, un homme de parti-pris, car nous cherchons avant tout la justice et la vérité. Or, il nous semble qu'aucun gouvernement jusqu'ici ne s'est préoccupé avec plus de soin du sort des classes laborieuses, que nul n'a plus fait dans l'intérêt des masses que le second Empire, comme nul n'a plus fait que le premier pour la gloire et la grandeur de la France. Aussi, le peuple des campagnes, avec cet admirable instinct du cœur qui ne le trompe jamais, demeura-t-il constamment fidèle à l'Empire, dans la bonne comme dans la mauvaise fortune. Mais de ce que ce sentiment de reconnaissance publique n'a pas toujours persisté avec la même ardeur et la même unanimité dans les grands centres de population, faudrait-il en conclure que l'Empire ait favorisé les campagnes au détriment des villes, ou qu'il eut moins fait pour celles-ci ? Au contraire. Comme c'est dans les villes que se trouvent les plus grandes agglomérations d'ouvriers et qu'il y a le plus d'infortunes à soulager, c'est là aussi que s'est particulièrement exercée la sollicitude impériale. En effet : travaux d'assainis-

sements, plantations de promenades et de jardins
publics qui sont surtout la propriété du pauvre ;
fondations d'hospices, d'orphelinats, d'asiles, de
maisons de refuge, d'établissements de prêts, de
bureaux de bienfaisance, de sociétés de secours
mutuels, etc.; voilà les œuvres qui attestent encore
aujourd'hui à tous les yeux et à tous les cœurs les
immenses bienfaits de l'Empire. Mais d'où vient
donc alors l'ingratitude et l'injustice presque géné-
rales des villes pour un régime qui leur fut à toutes
si favorables? Uniquement, selon nous, du funeste
exemple de la capitale sur laquelle chaque ville,
tour à tour et par ordre de décroissance, a voulu se
modeler, sans se demander si cette conduite avait
sa raison d'être, et si cet exemple était bon ou mau-
vais à suivre. Si nous cherchons maintenant les
causes de cette hostilité systématique et persis-
tante de Paris contre un gouvernement qui l'a com-
blé de bienfaits, et qui en avait fait la première capitale du monde civilisé, nous voyons que cela tient
à ce que cette ville est, en même temps que le centre
de la richesse et de l'intelligence, le refuge des dé-
classés et des deshérités de toutes sortes. Or, de
ce rapprochement des extrêmes naissent naturelle-
ment des jalousies et des convoitises d'autant plus
vives que la distance qui sépare les uns des autres
est plus grande. De là, pour les mécontents qui
sont en majorité, à rendre le gouvernement res-
ponsable de ces inégalités qui sont dans la nature
des hommes et dans celle des choses, il n'y a qu'un
pas, et ce pas est bientôt franchi sous les excita-
tions et la conduite de certains rhéteurs de guin-
guettes et de carrefours qui, à défaut d'honneur,
trouvent parfois assez de profit à battre le gouvernement en brèche, sans se préoccuper du sort des
malheureux qu'ils trompent et de la France qu'ils
perdent. Voilà, en partie, d'où vient l'opposition;

voilà d'où partent les révolutions et les gouvernements d'aventures qui jettent le trouble dans les esprits, la perturbation dans les affaires et la ruine dans le pays. Demandez à toutes les villes de France ce qu'elles ont gagné à la révolution du 4 septembre, et que Paris et Lyon vous répondent les premières.

V

Injustices et Préjugés politiques

> Le drapeau des Bonaparte n'est pas celui de la Révolution, mais de la victoire et de l'autorité.
>
> (*Journal d'un Parisien*).

La Monarchie nous a donné l'ordre sans la liberté, la République pourrait peut-être nous donner la liberté sans l'ordre ; mais l'Empire seul nous a donné déjà et peut nous donner encore à la fois l'ordre et la liberté. Voilà pourquoi nous sommes et serons toujours impérialiste. Mais la sincérité et l'invariabilité de nos convictions ne nous rend ni injuste pour nos adversaires ni aveugle pour nos amis ; car, si nous respectons les personnes et les opinions des uns, nous reconnaissons volontiers aussi que les autres ne sont pas infaillibles. L'Empereur, avec les meilleures intentions du monde, a donc pu se tromper quelquefois et surtout être trompé. Les gouvernements, comme les hommes qui les composent, sont sujets à l'erreur et par cela même perfectibles. Aussi, pensons-nous qu'il vaut mieux, en général, les perfectionner que les changer ; car, en pareil cas, si l'on sait toujours ce que l'on quitte, on connaît rarement ce que l'on prend.

Examinons ici les deux grands reproches que l'on adresse aux monarchies en général et à l'Empire en particulier : D'abord, dit-on, ces gouvernements sont très-onéreux, parce que les souverains ont une liste civile ou dotation beaucoup plus élevée que celle d'un président de république. A cela on pourrait répondre par exemple, qu'une liste civile de vingt-cinq millions, pour un pays comme la France, est bien peu sensible sur la masse des contribuables [1], et que, du reste, ceux-ci trouvent dans la sécurité et la prospérité que leur assure ce gouvernement fort et protecteur une large compensation à ce léger sacrifice d'argent. Mais il est un fait que personne n'ignore, et qu'il est bon de rappeler sans cesse : c'est que cette liste civile n'est, en quelque sorte qu'un prêt, un dépôt dont le chef de l'Etat emploie la plus grande partie à des bienfaits personnels qu'il répand sur le pays en venant en aide à une foule de bonnes œuvres et d'infortunes privées qui, sans ce secours immédiat, resteraient sans soulagement ou seraient obligées de s'adresser ailleurs. On a souvent parlé, depuis sept ans, des mystères de la cassette impériale. Certes, ces mystères sont bien connus, car des milliers d'obligés peuvent encore les révéler et les attester d'un bout de la France à l'autre.

Le second reproche que l'on fait aux monarchies, ou plutôt aux souverains, c'est de faire la guerre, de la chercher, de la vouloir, et même d'en être l'occasion et le prétexte. Mais dans quel intérêt, dans quel but ? Par ambition et par esprit de conquête, dit-on. Examinons sérieusement cette question, car elle est grave et vaut la peine qu'on s'arrête à la discuter.

1, Il est à remarquer surtout que ceux qui se plaignent le plus des impôts sont en général ceux qui en paient le moins, et quelquefois ceux qui n'en paient pas du tout.

La guerre est évidemment le plus grand fléau qui puisse affliger l'humanité, et nous appelons de tous nos vœux le jour béni où cette calamité pourra disparaître de la surface du globe. Mais ne nous faisons aucune illusion à cet égard ; la guerre ne disparaîtra que quand tous les hommes posséderont la sagesse suprême ; c'est-à-dire lorsqu'ils pratiqueront toutes les vertus évangéliques, qui se résument dans l'amour de Dieu et du prochain : la charité, le désintéressement et la véritable fraternité. Ce jour-là, on pourra supprimer non seulement les armées permanentes, mais encore la police, la gendarmerie et les tribunaux de toutes sortes ; car il n'y aura pas plus de luttes et de procès entre les particuliers que de querelles et de guerres entre les peuples. Mais, tant que l'humanité ne sera pas arrivée à cette perfection — qui malheureusement n'est pas de ce monde — il faudra nous résigner à conserver la gendarmerie pour arrêter les coquins de toutes sortes, les tribunaux pour les juger et les armées pour faire prévaloir le droit des nations ou pour les défendre en cas d'agression. La suppression de la guerre, si désirable qu'elle soit au point de vue humanitaire, est donc une pure utopie, absolument comme la suppression de la peine de mort au point de vue social. En effet, quand on aura effacé cette peine du code au profit des assassins, ceux-ci n'en seront que plus libres pour continuer à l'appliquer seuls aux honnêtes gens. Aussi, sommes-nous complètement de l'opinion d'Alphonse Karr à ce sujet ; c'est-à-dire partisan de la suppression de la peine de mort à la seule condition que messieurs les assassins commencent. Rendre toujours les souverains responsables des guerres malheureuses qu'ils sont parfois contraints de faire ou forcés de subir, c'est donc en réalité les charger souvent de fautes qui ne leur sont point imputables et dont ils sont d'ordinaire les premières victimes.

Les républicains qui ont contribué pour une grande part à conserver vivace en France le souvenir des gloires du premier Empire, font tous leurs efforts, depuis 1850, pour le ternir et l'effacer. Napoléon Ier à qui ils prodiguaient l'éloge et l'admiration, après 1815, n'est plus aujourd'hui pour eux qu'un affreux despote et un vulgaire traîneur de sabre, qui a mis l'Europe en sang et la France en ruines, simplement pour satisfaire son insatiable ambition personnelle et obéir à son instinct guerrier. Ils feignent ainsi d'ignorer ou d'oublier que toute l'Europe avait été ameutée contre la France par la République et que le général Bonaparte sut, par son génie et son courage, triompher à la fois des ennemis du dehors et de ceux de l'intérieur. Tous les ennemis de l'Empire reprochent également à Napoléon III les guerres auxquelles il fut amené à prendre part et surtout la dernière que l'Empereur fit malgré lui. Mais il est un fait historique qui prouve d'une manière évidente et péremptoire que Napoléon III n'aimait pas la guerre et qu'il eut désiré faire jouir toutes les nations d'une paix durable ; c'est l'initiative qu'il prit en 1867, de convoquer un congrès européen à l'effet d'arrêter les bases d'un traité international dans le but de régler à l'amiable tous les conflits qui auraient pu surgir entre les nations signataires. On sait que si cette généreuse tentative ne put aboutir, ce ne fut pas du moins par la faute de l'Empereur.

VI

Appel au Peuple

> Le plébiscite c'est le salut et c'est le droit.   (Napoléon IV.)

Résumons-nous et voyons, dans l'état actuel des choses et des esprits, quelle est aujourd'hui la meilleure solution politique pour la France. Que les républicains n'essaient pas de se prévaloir du honteux et funeste escamotage du 4 septembre, ni même de la Constitution révisable du 25 février, votée à une voix de majorité, qui n'était pas celle du peuple, car aucun de ces actes ne saurait abroger un plébiscite et constituer un droit définitif et absolu. Il faudrait donc, pour rentrer à la fois dans la légalité et dans le droit, rétablir le gouvernement qui existait avant le 4 septembre 1870. Mais, en présence des faits accomplis, comme cette restauration ne pourrait avoir lieu qu'en vertu d'un coup d'Etat, nous ne demandons point cette solution radicale. Tout le monde est d'accord sur ce point qu'il importe essentiellement à la tranquillité, au bonheur et à la grandeur du pays de fermer à jamais l'ère des révolutions qui depuis trop longtemps, nous divisent, nous énervent et nous affaiblissent, en nous exposant à tous les périls du dedans et du dehors. Pour sortir de la situation anormale, fausse et dangereuse que nous occupons depuis les malheureux événements de 1870, il n'y a qu'un moyen honnête, légal, régulier : c'est l'**Appel au Peuple**. Nous savons assez ce que nous ont coûté et ce que nous ont donné chacun des gouvernements du passé ; nous pouvons donc nous prononcer entre eux avec une parfaite connaissance de cause. Pas de surprise, pas d'équivoque ; que la question soit carrément et directement posée entre la République, la Monarchie et l'Empire, et que chaque électeur, après le vote, fasse patriotiquement le sacrifice de ses préférences personnelles pour accepter franchement le verdict de la majorité. Mais en attendant que le scrutin soit ouvert sur cette grande et grave question, nous ne cesserons de lutter loyalement de toute la force et l'énergie de nos convictions pour le triomphe de l'Empire libéral qui représente seul à nos yeux la légitimité moderne, c'est-à-dire la justice et la vérité. Du reste, l'Empire était notre gouvernement à nous autres paysans ; c'est nous qui l'avions fait, et s'il a été renversé dans un jour de malheur par une poignée de factieux, nous saurons encore le relever par nos libres votes, le jour où nous serons appelés à les exprimer de nouveau souverainement. Notre opinion est faite à cet égard, car nous pensons comme Voltaire qu'il vaut mieux obéir à un beau lion qu'à deux cents rats.

La République est le meilleur des gouvernements pour ceux qui en vivent ; mais pour une personne qui en vit, il y en a dix qui en meurent et cent qui en souffrent. Elle ressemble à une courtisane qui promet ses faveurs à tout le monde et qui est surtout recherchée par les jeunes gens, les célibataires et les maris en rupture de ménage ; mais dont aucun honnête homme ne voudrait faire sa femme. Aussi, un gouvernement républicain environné de monarchies est-il regardé comme un ménage interlope au milieu de familles légitimes. Au point de vue gouvernemental, les républicains sont essentiellement des hommes d'opposition qui s'éclipsent au pouvoir et dans l'action. Enfin, pour nous, il n'y a qu'un seul gouvernement qui puisse répondre complètement aux besoins et aux aspirations du pays comme il n'y a qu'un seul drapeau qui puisse encore enlever les masses populaires et les conduire à la victoire électorale : ce gouvernement c'est celui de l'Empire ; ce drapeau c'est celui d'Austerlitz et d'Iéna, de Magenta et de Solférino.